NILTON BONDER

Cabala e a arte de manutenção da carroça

Lidando com a lama, o buraco, o revés e a escassez

Rocco

Copyright © 2019 by Nilton Bonder

Ilustrações
TAMARA CASTORINO

Direitos desta edição reservados à
EDITORA ROCCO LTDA.
Rua Evaristo da Veiga, 65 – 11º andar
Passeio Corporate – Torre 1
20031-040 – Rio de Janeiro, RJ
Tel.: (21) 3525-2000 – Fax: (21) 3525-2001
rocco@rocco.com.br
www.rocco.com.br

Printed in Brazil/Impresso no Brasil

Preparação de originais
NATALIE DE ARAÚJO LIMA

CIP-Brasil. Catalogação na fonte.
Sindicato Nacional dos Editores de Livros, RJ.

B694c   Bonder, Nilton
          Cabala e a arte de manutenção da carroça: lidando com a lama, o buraco, o revés e a escassez / Nilton Bonder; ilustrações de Tamara Castorino. – 1ª ed. – Rio de Janeiro: Rocco, 2019.
          (Reflexos e Refrações; 1)

          ISBN 978-85-325-3143-8
          ISBN 978-85-8122-769-6 (e-book)

          1. Comunicação na administração. 2. Comunicação empresarial. 3. Sucesso nos negócios. 4. Oratória. I. Castorino, Tamara. II. Título.

19-57501   CDD: 658.45
                                                        CDU: 005.57

Vanessa Mafra Xavier Salgado – Bibliotecária – CRB-7/6644
Impressão e Acabamento: EDITORA JPA LTDA.

A meu vô Pedro,
carroceiro pelas paragens
entre Cruz Alta e Passo Fundo

SUMÁRIO

INTRODUÇÃO 7
    Num pé só

O RISCO 9
    Tsures happens 10
    A carroça 11
    A Cabala 12
    As histórias 13

I

    Físico – LAMA 17
    Um ou seis cavalos?

    Emocional – BURACO 23
    Saindo do lugar

    Intelectual – REVÉS 27
    O cavalo morreu

    Espiritual – ESCASSEZ 33
    Para além da carroça

II

    Descidas
    não esforço *(Antilama)* 39

    Paradas
    nichos *(Antiburaco)* 43

    Outras carroças
    competição *(Antirrevés)* 47

    Subidas
    propósito *(Antiescassez)* 51

    Risco
    conclusão 57

APÊNDICE
    Perspectivas da carroça 61

INTRODUÇÃO

Num pé só

A intenção deste livro é ser econômico.

Econômico em conteúdo porque fala sobre manutenção e gestão; e econômico em forma porque trata de oferecer um escrito reverberante – mais extenso nas entrelinhas que no texto.

Esse é um desafio absoluto a um rabino. Rabinos são palavrosos, como versa a anedota sobre o rabino que inicia seu discurso explicando: "Antes de falar, gostaria de dizer algumas palavras." Ou como bem pontuava o filósofo Blaise Pascal em carta a um amigo: "Por falta de tempo, lhe escrevo este longo texto." O sucinto é laborioso, o simples é labiríntico.

Um livro "ponte aérea" não é um atendimento ao *fast*, mas o reconhecimento de um mundo entupido não só de plásticos, como também de palavras. Escrever palavras passou a não mais demandar o gasto de papel; as palavras se tornaram partículas que não ocupam espaço, perderam peso.

❁ ❁ ❁

Dizer algo enquanto se está "num pé só" é um conceito milenar na tradição judaica. Tal como no relato do sábio Hilel que, ao ser desafiado a sintetizar toda a Torá, enquanto estivesse num único pé, disse: "Não faça ao outro o que não quer que façam a você. Aí está toda a Torá, e o resto é comentário – vá e estude!" O "resto" é fundamental, mas nasce desse pequeno manancial que se faz rio e deságua em oceanos.

O RISCO

A intenção deste livro é abordar o risco.

Ao experimentar a sensação animal de perigo, o ser humano criou a ideia de risco, um instrumento interpretativo fantástico, medular para nossa evolução. A partir desse instinto, forjou-se uma ferramenta para lidar com ameaças e antecipar adversidades. Risco significa "traço", com o qual se pode demarcar inconvenientes que existem para um lado ou para o outro. No plano vazio do destino, o ser humano traçou um risco e tentou, desde então, não tirá-lo de sua mira.

Para além da aptidão de perceber essa linha e conhecer o "risco", o ser humano desenvolveu intimidade com a noção de imprevisto e incidente, razão pela qual a noção de que *shit happens*, ou de que existe uma lei de Murphy, provoca imediata identificação. Porém, para total surpresa de nossa espécie, o risco não é para ser evitado. Flertar com o risco mostrou-se um recurso inestimável para nossa civilização.

O perigo não é apenas um dispositivo da sobrevivência, mas a epiderme que roça a vida. Para além da lesão ou da letalidade que pode causar, o risco nos expõe e aproxima da própria vida e de tudo que lhe diz respeito. A boa gestão revelou-se não como a arte de evitar o risco, mas de expor-se a ele.

TSURES HAPPENS

Infortúnios acontecem. Eles não são produtos do caos, mas da consciência. Nossas expectativas são atropeladas porque podemos fazer escolhas, mas não controlamos os resultados. Se não fosse pelo poder de escolha, o resultado nunca seria um infortúnio. Seria, no máximo, um obstáculo – a parte difícil ou custosa de uma tarefa sem qualquer conotação de valor.

Tsures é a palavra do dialeto iídiche que melhor designa infortúnios, elevando-os ao seu potencial máximo que é a "aflição". Um aflito é alguém com algum problema potencializado pela antecipação de uma saída que não vem. Parte da aflição está no desconforto em si; e parte, na ausência de um alívio que havia sido previsto. Se o foco estivesse apenas na moléstia, sem a presença da expectativa, a aflição, o *tsures*, deixaria de se manifestar. Para dar conta da adversidade, é necessário esforço. Já o *tsures* requer a anulação da expectativa.

Em matéria de risco, a parte mais difícil é a do *tsures*. A tortura está em imaginar que se "deveria ter feito isso ou aquilo" e, por discernimento, evitado o desconforto em questão. Este é o custo pessoal mais alto que pagamos na gestão. O lócus desse sofrimento pode ser tanto a consciência quanto o sujeito da ação, basta que exista alguma expectativa. A raiva nunca vem à tona devido ao que aconteceu, mas porque um determinado fato poderia ter sido evitado.

Para a raiva, assim como para a mágoa, é fundamental a aceitação de que uma determinada coisa teria acontecido de qualquer maneira. Sabe por quê? Porque aconteceu. Tudo que já aconteceu é, por definição, o que deveria ter acontecido. Se continuarmos revisitando o ponto da encruzilhada onde poderíamos ter tomado um caminho diferente, o senso de *tsures* ganha força.

Qualquer tentativa de decidir sobre algo que já aconteceu, além de inócua, confunde a gestão. O passado e sua experiência são um legado, não um tempo. Gerir significa fazer a partir do presente momento.

Shit happens, mas *tsures* é evitável. A arte de manutenção da carroça é a capacidade de reverter *tsures* em *shit*. *Shit* é o objeto da gestão.

A CARROÇA

A carroça foi um aplicativo fundamental.

Claro, a roda foi um dos maiores inventos. Fazer rolar e produzir roldanas iria revolucionar o mundo. E o fato de a roda tocar constantemente o chão num único ponto, produzindo instabilidade para qualquer lado, revelou um incrível potencial cinético. Havia algo de *smart* na roda a ser aplicado.

A carroça consiste em acoplar rodas a uma estrutura, e a elas uma força motriz animal. Inovação, engenharia e energia atreladas e bingo, um *gesheft* (um negócio), um aplicativo para prospectar novos negócios. E, assim, o ser humano abandonou o labor da natureza, fosse como coletor, agricultor, pastor ou pescador, e avançou sobre o comércio e o serviço.

Antes de o mundo se concentrar em metrópoles e dispor de avançados meios de comunicação, a carroça era a loja-escritório e a empresa. De um ponto de vista simbólico, a carroceria representava o produto/mercadoria, as rodas, o marketing e o cavalo, as vendas. O mercado, por sua vez, era o caminho por onde transitava a empresa, enfrentando entraves e contratempos.

A CABALA

Cabala significa nada mais do que "interpretar". Conhecer aquilo que não é literal parecerá, a um leigo, como uma mágica, quando é apenas uma leitura que lhe é invisível. Para quem não sabe cifras, arrancar música de uma pauta é surpreendente. Cabala são técnicas de interpretação.

A forma mais básica de se fazer isso é pensar por dualidades. A linguagem faz isso com os antônimos. Nada ilumina melhor o conceito de "gordo" do que o de "magro". Assim, "alto" e "baixo", ou "bom" e "mau", "rico" e "pobre" se autodefinem e ampliam um o conceito do outro.

Em seu recurso mais elementar, a Cabala faz a mesma coisa apenas aumentando a complexidade, como numa equação de segundo grau. Ela duplica a dualidade e produz uma espécie de "tetralidade". A ideia é que algo possa ser mais bem compreendido se visto em quatro diferentes instâncias capazes de clarificar-se mutuamente. Um exemplo de modelo em quatro estágios são as estações do ano: primavera, verão, outono e inverno.

Na Cabala, essa técnica pode ser ampliada: pode-se ir de um modelo de quatro para outros mais complexos – de sete, 10 ou até 49 dimensões ou mundos. Em nosso caso, faremos uso do modelo mais básico, que é o da *tetralidade*.

Enquanto a dualidade se utiliza de um contrário para produzir seus efeitos, na *tetralidade* o desafio é encontrar um sistema capaz de decompor um objeto em quatro esferas, as quais poderão lançar luz umas sobre as outras.

E o sistema proposto pela Cabala para quatro dimensões é: a dimensão física, a emocional, a intelectual e a espiritual. Elas permitiriam fracionar uma dada manifestação em seus vários aspectos, ampliando a capacidade de cognição sobre ela.

AS HISTÓRIAS

Dizia o rabino Carlebach Carlebach que muitos se equivocam, achando que as histórias servem para fazer dormir quando, na verdade, sua maior função é fazer acordar.

A história é um causo, um fato, com a peculiaridade de o protagonista ser uma pessoa genérica, que sou eu, e de acontecer num tempo indefinido ("era uma vez"), que é agora.

"Eu" e "agora" são as potências das histórias. Diferentemente de uma ideia pensada como um objeto, a história nos contém no presente.

Nas histórias, a narrativa é apenas um recurso para revelar o sistema sobre o qual se dá um causo ou um padrão. Sua moral não se relaciona com a narrativa, mas com a estrutura sobre a qual acontece a história.

Juntemos então o risco, a carroça, a Cabala e a história para falarmos sobre manutenção. Faremos isso observando *shit* (o contratempo) nas quatro esferas: a física da lama, a emocional do buraco, a intelectual do revés e a espiritual da escassez.

Quem souber gerir a lama, o buraco, o revés e a escassez terá aprendido *A arte de manutenção da carroça*.

I

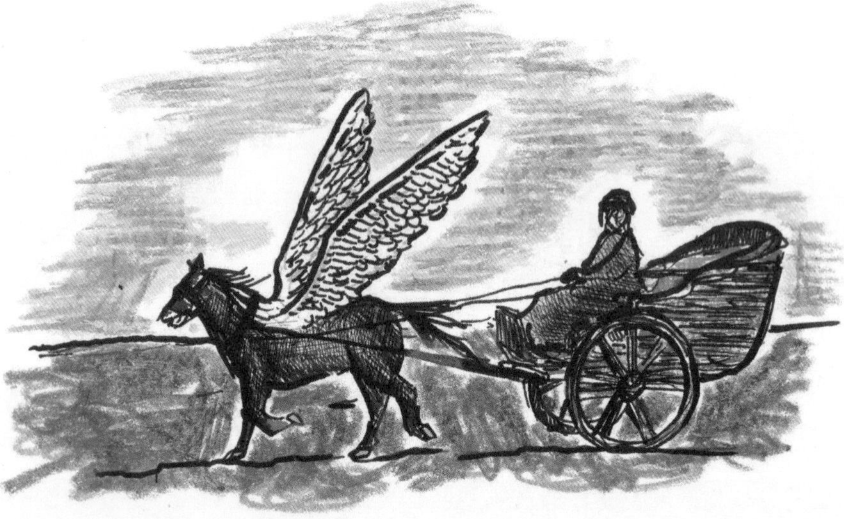

Físico
LAMA

(Volatilidade)

Um ou seis cavalos?

> Reb Meir de Premishlan e Reb Israel de Ruzhin eram melhores amigos, apesar de bastante diferentes. Reb Meir vivia na pobreza, e Reb Israel vivia como um rei. Os amigos se encontraram certa vez quando ambos se preparavam para uma viagem. Reb Meir estava em sua singela carroça, puxada por um único cavalo magricela. Reb Israel, no alto de sua luxuosa carruagem, puxada por seis fortes garanhões. Reb Israel se dirigiu até a carroça do amigo e com um ar de zombaria inspecionou minuciosamente o minguado cavalo. Virou-se então ao amigo e disse, com humor: "Eu sempre viajo com seis vigorosos cavalos. Assim, se acontecer de um dos cavalos

atolar na lama, posso rapidamente resgatá-lo. Posso ver, no entanto, que seu cavalo mal consegue puxar você e sua carroça em terra seca e bem batida. Amigo, com certeza haverá muita lama na estrada... como podes assumir tanto risco?"

 Reb Meir desceu da carroça e foi até o amigo, que ainda estava parado diante do cavalo. Colocando os braços em torno do pescoço de seu estimado animal, disse: "Os riscos, eu penso, são seus. Exatamente porque viajo com um único cavalo que não conseguiria desvencilhar-se da lama caso ficasse preso, de antemão tomo muito cuidado para evitar que isso aconteça. Já você, meu amigo, tem tanta certeza de que pode desvencilhar-se que nem sequer olha por onde vai e, com certeza, acabará caindo em todos os lamaçais!"

Esta é a grande pergunta do mundo físico: Como lidar com a lama?

De um lado, está a escolha por um olhar afiado e cauteloso, buscando evitar a lama; de outro, a preferência por se antecipar, garantindo recursos para sair dela. Um é previdente no presente, o outro, no passado. Ambos estão certos! E nenhum deles sozinho tem a resposta.

Reb Meir ensina que nem todas as áreas enlameadas precisam ser atravessadas, e aposta na atenção e na agilidade para contornar os trechos enlameados e evitá-los. Tal tática se mostra muito eficiente, por exemplo, para a fala. Nem tudo deve ser dito e podemos evitar territórios muito pantanosos pelo simples zelo que tenhamos com palavras. E também nem tudo deve ser feito: o simples fato de que dispomos de aptidão para fazer algo não deveria levar necessariamente à ação. Mas só a disciplina e a continência do pensamento podem nos impedir de falar e fazer o que não é necessário. Reb Meir ensina que a potência pode produzir uma lama que não é *shit*, mas *tsures*. Ou seja, uma lama que não é uma contingência externa, algo que estava na estrada, mas um evento produzido por atitude.

Reb Israel, por sua vez, nos ensina que, por mais cuidadosos que sejamos, haverá momentos em que nos veremos atolados na lama. Nesses momentos terá sido fundamental guarnecer-se de competências para se desatolar. Tal tática se mostra muito eficiente, por exemplo, para as finanças. A lama, nessa esfera, pode se tornar uma areia movediça quando não provisionamos recursos. O pecúlio é muito mais valioso na condição de insumo do que de consumo. Não estar munido é desconsiderar que *"happens"*, que de fato "acontece" e que *shit* é parte da realidade. Não poder remediar é uma situação que se deve evitar a todo custo, uma vez que isso favorece o senso de *tsures* ao suscitar pensamentos do tipo "eu deveria ter....".

Como num jogo de canastra, de um lado a estratégia simples e eficiente de comprar uma única carta do monte e tentar bater o mais rapidamente; de outro, a tática de comprar o lixo e tentar fazer a maior pontuação possível. Para a escolha de um ou de outro sistema você dependerá da argúcia de entender quais cartas estão na sua mão. Assim como a fala e a ação bem caminham com o zelo, ou as finanças com a previsão, caberá a você escolher que tipo de carroça vai se adequar melhor à estrada à sua frente.

Mesmo assim, por mais vigilantes que sejamos e por mais preparados que estejamos, haverá momentos em que a lama prevalecerá. Nesses momentos, não há outra saída a não ser descer da carroça e entrar na lama junto com o(s) cavalo(s) e empurrar. Importante registrar, porém, que a experiência desses momentos não será mais na condição de *shit*, de um incidente, mas sim de aceitação da essência daquilo que é uma estrada. A mesma terra que dá sustentação também produz a lama. Do ponto de vista sistêmico[1] da gestão, essa primeira dimensão de volatilidade (espaço físico) demanda foco na agilidade para escolher a estratégia mais adequada.

---

[1] Em um ponto de vista sistêmico, um único aspecto interfere e afeta todos os demais, seja um ente ou uma entidade, seja um corpo ou uma corporação.

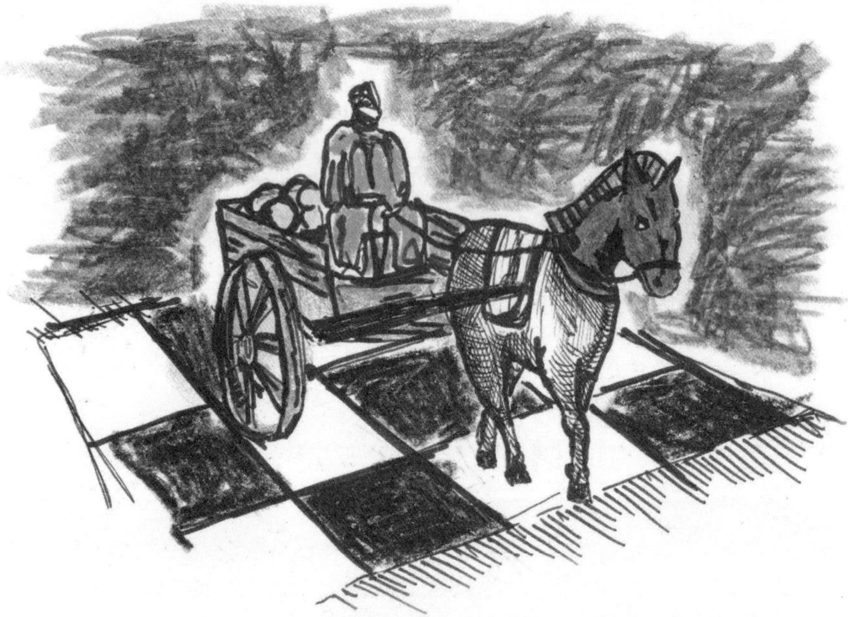

Emocional
BURACO

(Incerteza)

Saindo do lugar

> Reb Chaym comerciava melões utilizando sua carroça. Todo os dias arranjava cuidadosamente as fileiras de melões umas sobre as outras no preparativo de sua carga. No entanto, como é da natureza das estradas, de tanto em tanto sua carroça caía em buracos e os melões se desorganizavam por completo. Reb Chaym se via obrigado a parar e rearrumar por inteiro toda a carga, fato que o deixava irritado.
>
> Certa vez, cruzando com outro comerciante de melões, Reb Chaym queixou-se desse aspecto desagradável do trabalho, que é o de ter que, constantemente, recolocar os melões no lugar. Então, do alto de sua experiência, o comerciante lhe sugeriu: "Eu não

> *faço isso. Quando minha carroça cai num buraco e todos os melões ficam bagunçados, simplesmente espero pelo próximo buraco, no qual certamente cairei, e aí todos os melões voltarão a seu lugar original."*

Lama é diferente de buraco, assim como físico é diferente de emocional.

A lama detém a carroça por falta de atrito, e o buraco detém a carroça por desordem.

A lama é o estado físico da própria terra umedecida. O buraco é uma súbita falta de chão, causando desequilíbrio. Para a primeira, a questão é a mobilidade: para o segundo, a estabilidade.

O problema na dimensão física é produzido por algo físico, ou seja, a cinética da roda é anulada pela inércia da lama; na dimensão emocional, o que ocorre é produzido por algo emocional, uma aflição por conta de desordem. A interrupção é causada, portanto, não por uma barreira física, mas emocional.

A autonomia está para o físico assim como o controle está para o emocional. Os buracos representam os obstáculos imateriais, os vazios nos quais caímos buscando controlar o incontrolável. Representam as interrupções desnecessárias que atendem à insegurança, à procrastinação e à negação.

A ordem não pode ser uma medida pontual, e aquele que se desesperar na primeira desordem não irá longe. A vida é cheia de altos e baixos, e o pior que podemos fazer para nossa estrutura emocional é ficarmos eufóricos nas subidas e deprimidos nas decidas. Euforia e depressão são estresses, e a única coisa que pode desfazer essa montanha-russa emocional são as lições do buraco.

A lição do segundo carroceiro é saber trabalhar com prazos maiores para que se tenha estabilidade. O caminho é sempre instável, e caberá ao gestor produzir estabilidade num dado somatório de buracos. Diferentemente da lama que interrompe a viagem, o buraco precisa de um cálculo tal que o final da jornada termine com o último buraco rearrumando os melões.

Não temer instabilidades e entender que os resultados virão ao longo do tempo é a gestão mais importante nesse mundo emocional. Representa, em última análise, saber administrar o próprio desejo de controlar as coisas.

Na gestão sistêmica, o foco nessa dimensão de incerteza (espaço emocional) está em minimizar trabalho desnecessário, evitando preocupações e detalhamentos excessivos, e dispor de agilidade na projeção de resultados ao longo de toda uma jornada.

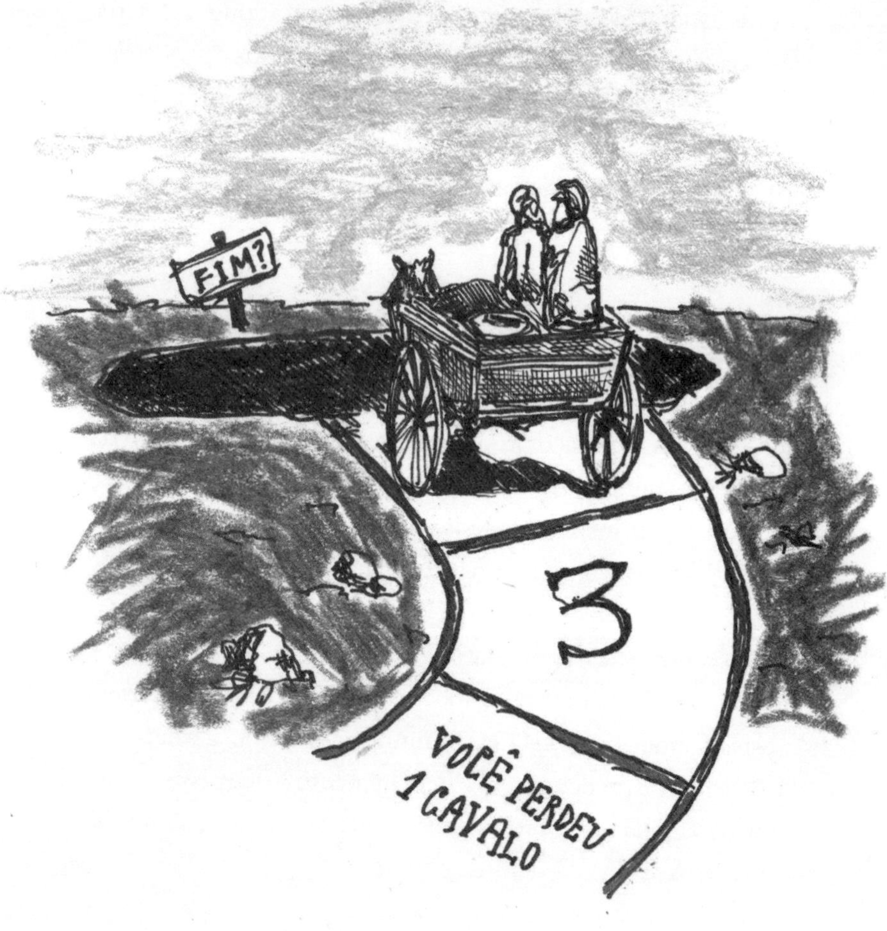
FIM?
3
VOCÊ PERDEU
1 CAVALO

Intelectual
REVÉS

(Complexidade)

O cavalo morreu

> Todos os anos, um discípulo procurava o rabino Mikhal pedindo bênçãos para seu negócio. Ele transportava todo tipo de carregamentos em sua carroça e dali tirava seu sustento. Ano após ano se repetia a mesma rotina. O rabino lhe perguntava como haviam sido os negócios, e ele reclamava: "O ano foi péssimo e os negócios vão de mal a pior." O rabino então voltava a abençoá-lo pedindo que o próximo ano fosse próspero.
> Certa vez, porém, ele retornou mais assustado do que nunca. Seu cavalo havia morrido e ele não sabia como iria prosseguir. O rabino novamente o abençoou.

Passado um ano, ele retornou eufórico e perplexo. Reparando seu estado, o rabino indagou sobre sua vida. O discípulo então disse: "Rabino, todos os anos eu vinha aqui pedir-lhe por uma bênção para mim e meu cavalo, e ano após ano as coisas ficavam mais difíceis. Esse ano, no entanto, tive que tocar as coisas sem meu cavalo, e justamente nesse ano, pela primeira vez em muito tempo, os negócios vão bem! Não consigo entender. Como pode ser isso? Qual a explicação?"

O rabino ponderou e disse: "Parece-me simples e evidente: o seu problema era o cavalo."

A surpresa do discípulo diante da ausência de conexão entre causa e efeito é típica dessa dimensão, que aqui chamamos de complexidade. Como pode o cavalo morrer e as coisas prosperarem? Até então o cavalo era o objeto da bênção, claramente a parte produtiva de seu negócio. O rabino desvenda, nesse território de complexidade, que o cavalo havia se bandeado de solução a problema.

Muitas vezes é difícil estabelecer uma ligação que nos faça enxergar estruturas de nosso negócio como contraproducentes. Os resultados apontam para isso, mas achamos que se trata de ineficiência ou má gestão. As bênçãos, assim, vão se fazendo inúteis, representando apenas as ações tomadas para mascarar a questão e as negações que nos levam a delongas. O conceito de agilidade tem importância nessa dimensão, uma vez que costumamos procrastinar na tomada de decisões, iludidos pela percepção de que o cavalo é peça fundamental ao empreendimento.

A história não nos permite saber qual foi a medida substitutiva ao "cavalo". Talvez porque esse seja um detalhe ou uma especificidade que não caberia numa narrativa como essa. Afinal, as histórias são sempre enunciados, não soluções. Lembremos que um bom enunciado tem um valor genérico muito maior do que uma boa resposta. A história, porém, parece mais interessada em revelar outro aspecto: o revés.

O conceito de revés está profundamente associado ao de *tsures*. Parece que a percepção de que algo danoso aconteceu está implícita na impotência do discípulo diante dos fatos. Na realidade, o que ocorreu foi produto da própria dinâmica de um empreendimento. Tal como a vida, os processos econômicos interagem mutuamente e geram modificações. E estas são de natureza muito distinta das variações ou das alternâncias. Em nosso tempo, por exemplo, a dita Revolução Digital matou muitos cavalos. A tal ponto de diversos pensadores se alinharem ao sentimento do discípulo, tratando-a como *Digital Disruption*, a ruptura digital. Essa mudança está longe de ser uma desgraça ou uma fatalidade, como a morte de um cavalo faz supor. São novos ventos que demandam reposicionamentos estruturais.

Daí a importância de se retirar o revés do lugar de *tsures* e posicioná-lo no lugar de *shit*, ou seja, de desafios de gestão. Também é importante perceber que os maus resultados só conseguem apontar alternâncias, não permitindo que sejam identificados os reveses. Os reveses estão atrelados ao sistema. Por isso, não importa quantas bênçãos seu cavalo receba, ele simplesmente já será parte do problema. Ações para restaurar eficiência não trarão resultado, e serão necessárias mudanças efetivas. A "agilidade" está na coragem e na precisão de matar seu próprio cavalo. E para tal será necessário perceber que ele já estava morto.

O contrário da agilidade é a procrastinação, uma patologia que evita a tomada de decisões por temor ao erro, quando o maior dos erros é não tomar decisões. Onde se vê *tsures*, problemas, é fundamental enxergar *shit*, oportunidades para crescer.

Mas agilidade, aqui, não é a capacidade de repor o cavalo morto por uma inovação "externa". O fato de o discípulo não apresentar o substituto que o levou ao sucesso indica que sua reposição aconteceu por recursos internos a seu negócio. Aqui a história aponta para algum processo de auto-organização proveniente do próprio negócio, e não de um fator externo. A ordem tem possibilidades de se autorrecompor, desde que o cavalo seja retirado de cena. Como um organismo livre de um tumor, os elementos do sistema podem agora incorporar *shit* como um ativo do negócio e se reestruturar de forma mais profunda. A dimensão intelectual representa sempre o recurso de dentro, nunca o de fora.

Para a gestão sistêmica, agilidade significa mais foco na auto-organização e menos na tomada de decisão hierárquica. Lideranças têm por vezes maior apego a memórias e experiências bem-sucedidas do passado (cavalos), apresentando maior dificuldade em identificá-las como parte do problema. No entanto, elas ainda têm uma participação importante na motivação por uma bênção. Parte do mérito na resolução de problemas da história está na insistência de que há algo errado não apenas no resultado, mas na eficiência do negócio como um todo, requerendo ações efetivas.

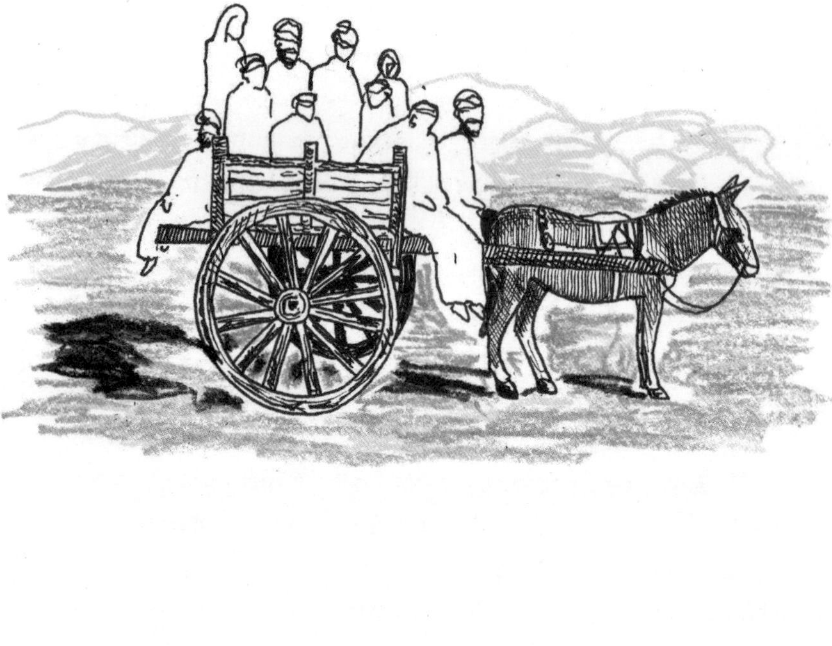

Espiritual ESCASSEZ

(Ambivalência)

Para além da carroça

> Numa tarde de verão, o mestre chassídico rabino Raphael of Bershad convidou alguns de seus discípulos para um passeio em sua carroça. Eles se amontoaram no pequeno compartimento e partiram. E aconteceu que, no caminho, outros discípulos se mostraram interessados e subiram na carroça, lotando por completo o espaço disponível. E assim seguiram, até que, ao virar uma esquina, mais um discípulo fez menção de se integrar ao grupo. O rabino parou a carroça. O jovem, porém, dando-se conta de que ela estava totalmente abarrotada, fez um sinal resignado para que prosseguissem sem ele. O rabino sorriu e, voltando-se aos discípulos, disse: "Pessoal, vamos ter que amar mais uns aos outros, só então haverá espaço para mais um!"

Nessa singela história há uma proposta do tipo "soma não zero". A ocupação de um espaço é normalmente percebida como um parâmetro limitado. A escassez de espaço parece ser um dado objetivo incontestável, tal como uma torta só pode render tantas fatias quanto realmente possuir.

Sem negar essa evidência, o rabino não propõe mais espaço a partir do próprio espaço. O recurso a utilizar é "amar mais uns aos outros". Para além do significado literal – de que a camaradagem, a cooperação e a boa vontade sejam capazes de ocasionar um espaço extra –, o rabino está apresentando um novo modelo.

A única forma de transformar escassez em alguma forma de abundância depende do talento de alterar as próprias referências, lançando-se mão de outra plataforma de entendimento.

Várias estratégias poderiam ter sido aplicadas com o intuito de produzir espaço: rearrumar os passageiros, sentá-los um no colo do outro ou posicionar alguns de pé.

Mas o rabino está em busca de uma solução que faça uso da auto-organização. "Amar" aponta para um processo de vínculo entre todos, o que envolve processar informação em rede e estabelecer uma malha de acertos e acomodações. Dessa forma, o espaço pode aparecer com uma eficiência diferenciada a ponto de sugerir abundância. O amor representa adaptar-se para acomodar mudanças e auto-organização. E o que antes se definia como míngua reaparece como fartura.

A percepção de escassez sempre evocará ambiguidades na tomada de decisão porque, diferentemente de um obstáculo explícito, muitas vezes não é possível saber o que a causa. Diferentemente da lama, por exemplo, que é a deficiência de atrito, e do buraco, que é o vazio, ou do revés, que é o movimento de ir para trás, a escassez é a falta que está sempre vinculada a um sistema maior. Só a cooperação, a transparência e a ação sequencial de pequenas mudanças num movimento sistêmico podem mudar uma percepção de carência para uma outra, de abastança. Esse é o exemplo bíblico do profeta Eliseu ao multiplicar pães, ou de Jesus ao fazer o mesmo com peixes. Mais incrível do que um milagre, que em última análise significa a perda da autonomia humana para a resolução de problemas, trata-se da habilidade de recontextualizar dificuldades e resolvê-las abandonando o dilema ou o inviável. Por dilema entenda-se a percepção de uma única via de decisão tendo como base um fato definitivo – no caso, a escassez. Aqui o rabino substitui o dilema por um paradoxo, que é a forma de manter e harmonizar opostos. A abundância só será possível pela escassez, fator decisivo para colocar em ação recursos internos que reapareçam abrindo espaço, expandindo.

QUADRO SISTÊMICO

As diversas formas de risco nos quatro mundos – volatilidade (lama), incerteza (buraco), complexidade (revés) e ambiguidade (escassez) – apontam distintos focos para a gestão.

FÍSICO	EMOCIONAL	INTELECTUAL	ESPIRITUAL
VOLATILIDADE	INCERTEZA	COMPLEXIDADE	AMBIGUIDADE
LAMA	BURACO	REVÉS	ESCASSEZ
problema de eficiência explícita	problema de efetividade explícita	problema de eficiência implícita	problema de efetividade implícita
shit explícita	*tsures* explícito	*tsures* implícito	*shit* implícita
agilidade explícita	auto-organização explícita	agilidade implícita	auto-organização implícita
Conhecimento pessoal	Experiência pessoal	Conhecimento coletivo	Experiência coletiva

P.S.: PÓS-*SHIT*: PARA PONTE AÉREAS COM ATRASO

Armadilhas da relação carroça/caminho:

As questões sobre manutenção que serão elaboradas a seguir dizem respeito à relação entre carroça e caminho. Não estão, portanto, nem na carroça e nem no caminho, mas na arquitetura que se estabelece entre ambos. Tudo que é relacional costuma possuir aspectos ocultos exatamente porque se confunde ora como carroça, ora como caminho. Essa correlação demanda um olhar sistêmico não apenas das partes, mas de seu conjunto. A falta desse discernimento produz armadilhas também nos quatro mundos – físico, emocional, intelectual e espiritual. A seguir relacionamos tais armadilhas.

II

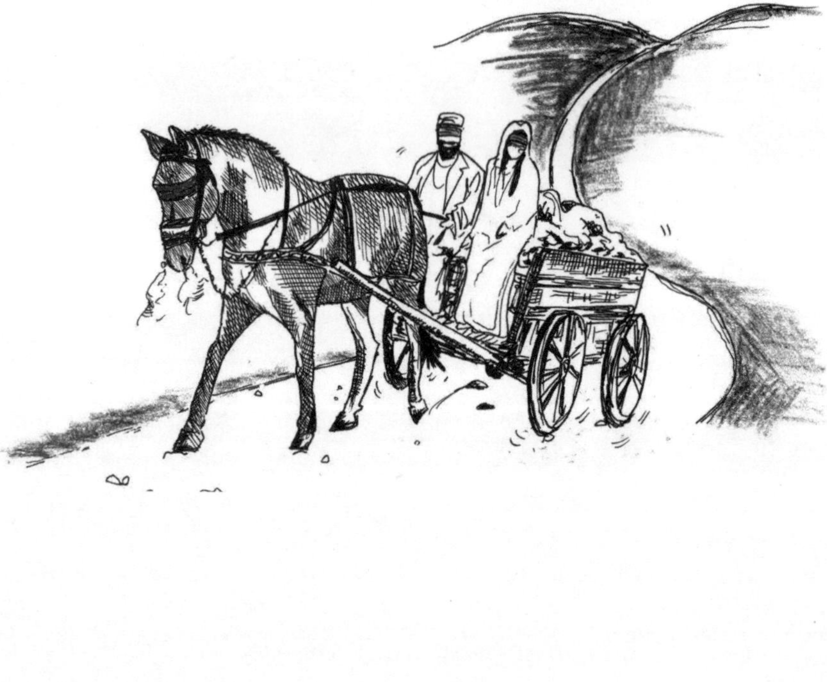

Descidas não esforço

(Antilama)

> *Quando a carga começa a tombar, basta um leve empurrão para que volte a seu lugar. Porém, se ela tombar, serão necessárias quatro ou mais pessoas para recolocá-la no lugar.*
>
> DITADO DO ORIENTE MÉDIO

Na questão da lama, abordamos a importância de uma estratégia de força e esforço para enfrentar os trechos do caminho em que há situações de inércia. Um ou seis cavalos – era essa a questão. Mas o que fazer quando o caminho/carroça não requer sequer um único cavalo? Estamos falando das descidas que encontramos pelo caminho. Nelas, a carroça parece prescindir de cavalos, o que se mostrará uma percepção equivocada. É verdade, uma carroça ganha *momentum* e economiza energia na descida, porém ainda assim será necessário esforço. Cavalos sabem, com certeza, que há esforço na descida.

A descida costuma produzir desatenção e automatismo, gerando a falsa sensação de que se pode prescindir de esforço. Carroça e caminho estarão sempre associados na jornada que estabelecem através do esforço. A expectativa de trajetos sem esforço é um equívoco.

A gestão demanda atenção na descida. Por um lado, é preciso aproveitar na medida exata o benefício que o esforço traz, evitando velocidades inadequadas e o aumento de risco. Ou seja, mesmo sendo o contrário da lama, a falta de lama pode ser uma espécie de lama. Descemos com um cavalo ou descemos com seis cavalos? Do outro lado, está o efeito frequente de uma descida e da redução de inércia: há grande chances de sua carga ter se deslocado. Num avião, o comissário de bordo alerta logo após a aterrissagem: cuidado ao abrir os compartimentos de bagagem, pois seus pertences podem ter se movido durante a descida.

Pertences deslocados demandam gestão. Como aponta o ditado antes mencionado, um simples ato de gestão recoloca as coisas no lugar, evitando um custo bem maior mais à frente.

Sempre haverá esforço envolvido na manutenção. Quando lhe parecer, por efeito topográfico, que a gestão é desnecessária, saiba que esse é um momento de atenção. Há lama mesmo na antilama; há *shit* potencial mesmo que a questão se apresente como sendo o oposto de *shit*.

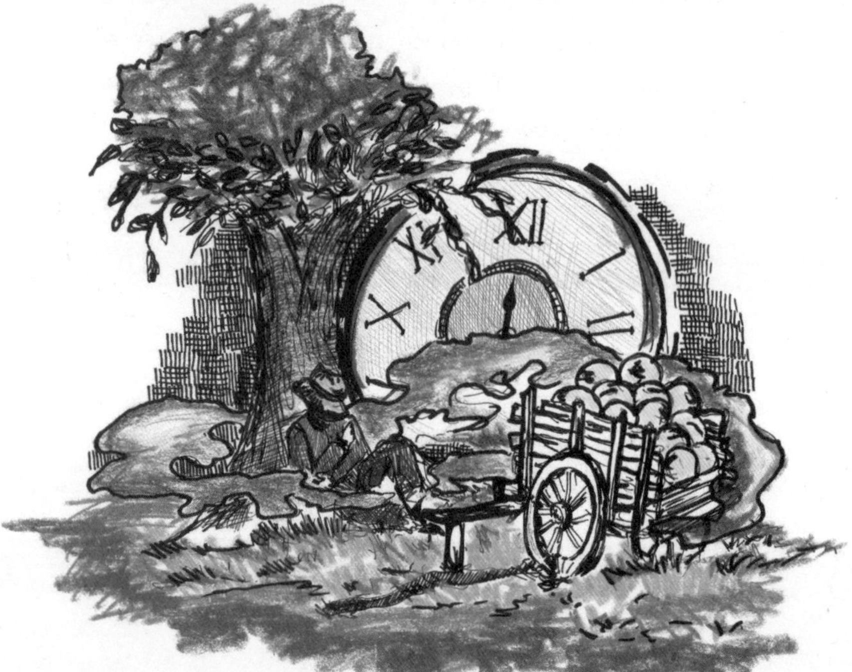

Paradas nichos

(Antiburaco)

Os homens da cidade de Jericó, a cidade da boa fragrância, disseram a Eliseu: "Veja, Senhor, essa cidade está muito bem situada, como podes ver", e logo completaram: "No entanto, sua água é ruim e a terra é improdutiva."

"Tragam-me uma nova vasilha", Eliseu disse, "e ponham nela sal."

E a água passou a ter boa qualidade, e a terra a ser produtiva.

II REIS 2:19-22

Esse relato minimalista sobre a passagem do profeta Eliseu pela cidade de Jericó coloca algumas questões. Profetas têm como função revelar o que está oculto, seja na previsão do futuro ou na leitura de entrelinhas de uma dada situação. Nessa história, Eliseu está relaxando na cidade de Jericó. Tudo nela parece aprazível, é um bom lugar para assentar-se. Porém, há um grande "senão": a água é de má qualidade e a terra, improdutiva. Aparências podem ser enganosas e uma boa fragrância pode ser encantadora tanto no sentido literal, de prazer, como no de devaneio e delírio. Como uma miragem, as aparências podem camuflar a infertilidade de um local.

Estamos falando do frequente desejo emocional de estacionar. Em qualquer caminho precisamos fazer as tradicionais paradas. Nós assim o fazemos com o intuito de restaurar o fôlego aproveitando algum platô ou oásis. Seja para descansar ou até para não adormecer no caminho, a parada é parte da relação carroça/caminho. No entanto, é comum procrastinarmos e nos excedermos nessas paradas. Elas representam os nichos que permitem pousos, mas que não são suficientemente férteis para oferecer assentamento.

Um nicho é um lugar que tem características aprazíveis, mas devemos estar atentos para os "senões", como o de a água não ser boa. Como numa gravidez pronta a abortar, as aparências mascaram, fazendo parecer que há germinação naquilo que não possui futuro. Alguma ação se faz necessária porque esse não se trata de um destino, mas de um nicho.

A ação tem dois movimentos: um de invólucro, a vasilha, e outro de conteúdo, o sal; um de ação no campo do *merchandising* e da inovação, representado pela necessidade de uma nova vasilha; e o outro de ação para agregar valor à oferta aqui representada pelo "sal", símbolo da vida e até do mercado, visto que foi o primeiro ativo utilizado na função monetária.

Os nichos podem oferecer alguma "fragrância" e algum resultado, mas perdem relação com a jornada, com o futuro. O nicho é um antiburaco porque é um buraco diferente do convencional, já que parece oferecer sustentação em seu espaço vazio. No entanto, não passa de um bom "buraco relacional" e requer prudência.

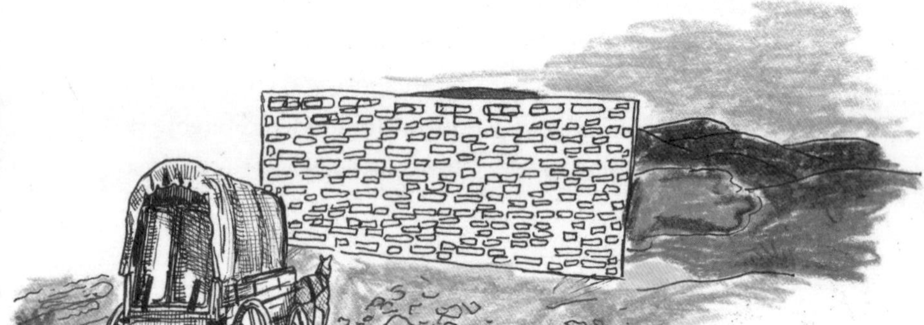

Outras carroças competição

(Antirrevés)

Certa vez um homem veio ao rabino Meir de Premishlan reclamando de um competidor que estava ameaçando seu negócio. "Ele vai acabar com meu sustento! Ajude-me, rabino. O que devo fazer?"

O rabino disse: "Acaso você já percebeu como um cavalo se comporta quando é levado a um córrego para beber água? Ele começa a patear com o seu casco na água, enfurecido. Somente quando a água fica suficientemente enlameada e turva é que ele então começa a beber. E por que um cavalo age desta forma?" "Não tenho a menor ideia", respondeu o homem, "Por quê?" "Porque o cavalo vê a sua imagem refletida na água e pensa que outro cavalo veio bebê-la. Então ele pateia com o casco até que tenha espantado o outro cavalo. O que o cavalo não compreende", concluiu o rabino, "é que Deus criou água suficiente para todos os cavalos."

A armadilha da competição atua com frequência como um *tsures* implícito. Ela aparenta características de um revés, já que a presença de concorrentes se assemelha àqueles jogos em que retiramos a carta que diz "retroceda três espaços". E a condição de revés parece sugerir mudanças e insinuar manobras de auto-organização. No entanto, é bastante comum que se trate de uma percepção equivocada. A competição muitas vezes está na esfera do buraco e, como lhe é característico, exigirá gestão no sentido de minimizar trabalho desnecessário.

Claro, os concorrentes podem apontar problemas de estratégia na eficiência explícita (volatilidade), ou de estratégia na efetividade explícita (complexidade). O mais comum, porém, é que ativem reações de controle e monitoramento, provocando trabalho desnecessário.

Fixar-se no resultado do competidor faz com que entendamos o caminho, equivocadamente, como uma "soma zero", mas isso ele não é. Há água para todos os cavalos. E a falsa percepção de escassez tem efeito devastador na criatividade e na inovação. Tentar afastar o outro cavalo com "patadas no chão" é um símbolo da perda de relação com o caminho. O reflexo da sua própria imagem na água se revela uma miragem.

Muitas vezes, os competidores ajudam a sedimentar caminhos até então inacessíveis. Mais do que depararmos com um revés, experimentamos efeitos relacionais de estarmos em uma jornada. Assim sendo, irá se tratar de um antirrevés porque, se por um lado isso não ajuda a carroça em si, por outro aplaina e sedimenta o caminho.

Ter discernimento para identificar se a competição é realmente um embate com um outro ou consigo mesmo é algo muito importante.

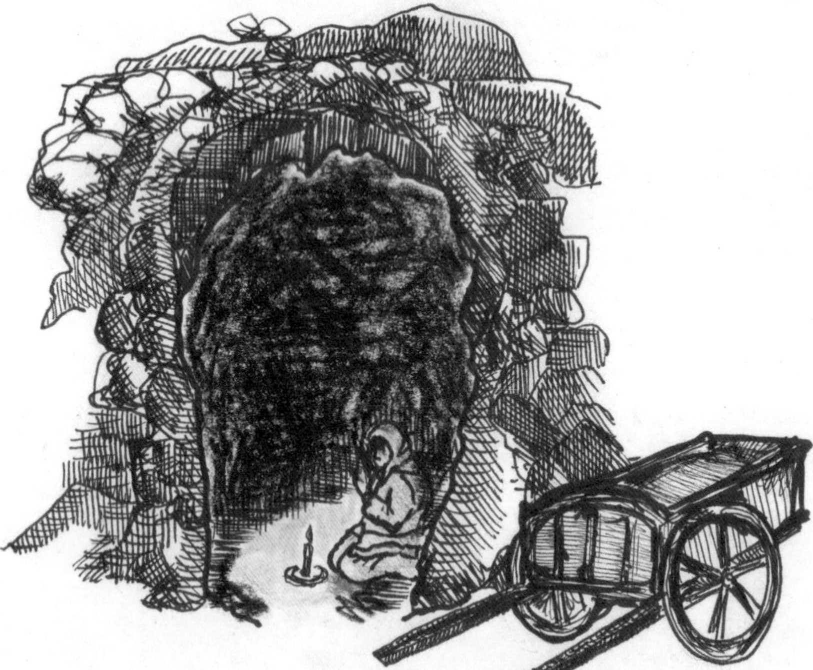

Subidas propósito

(Antiescassez)

Uma mulher veio ao profeta Eliseu implorando: "Meu marido morreu e os credores estão cobrando dívidas, ameaçando levar meus filhos como escravos." Eliseu disse: "Como posso ajudá-la? Diga-me o que possui em sua casa." "Não possuo nada a não ser um pouco de óleo", respondeu a mulher.

Então ele disse: "Vá e peça a seus vizinhos por vasilhas vazias. Não peça apenas por algumas poucas. Vá então para dentro da casa e feche a porta atrás de você e de seus filhos. Derrame o óleo em todas as vasilhas e, quando uma delas estiver repleta, substitua por outra."

E ela fez como Eliseu lhe dissera. Fechou a porta detrás de si e dos filhos. Eles trouxeram as vasilhas e ela verteu o óleo, que jorrou de uma a uma. Quando todas as vasilhas estavam cheias, ela disse aos filhos: "Tragam-me outra vasilha", mas eles responderam: "Não há mais nenhuma outra vasilha." Então o óleo cessou de jorrar.

Eliseu então disse: "Venda o que juntou e terá seu sustento."

REIS II, 4

A viúva com dívidas do marido representa um paradigma de vulnerabilidade. Nessa história, o profeta Eliseu sabe que para poder ajudar a viúva precisa identificar a natureza de sua adversidade. Levando-se em conta as instruções do texto, parece evidentemente se tratar de um caso de escassez.

O caminho muitas vezes pressupõe subidas. Há momentos em que o fardo pesa mais porque estamos numa lombada. No caso narrado, para uma viúva com credores, a inclinação é bem grande.

Reverter esse problema demanda saber que ele emana da escassez e que, portanto, só poderá ser revertido reencontrando-se o fio da meada da abundância. "O que possui em casa?", pergunta o profeta, porque sabe que é daquilo que "possui" que advirá a saída.

O foco do profeta será tentar mudar a expectativa de óleo (que possui valor) para as vasilhas, tantas quantas se puder produzir. As vasilhas são recipientes, e o óleo verterá não por sua substância, que é escassa, mas pela qualidade das vasilhas que o abrigam. Essa mudança de mirada é essencial. A continência da vasilha e seu vazio, sua capacidade de comportar algo, são a chave. Estamos falando aqui daquilo que dispõe dessa qualidade de conter e que costuma ser o "propósito", seja em sua componente de motivação ou de ambição. Só o propósito consegue encerrar e dar recipiente a projetos e conteúdos.

E o profeta é claro em sua instrução: "Vá então para dentro da casa e feche a porta atrás de você e de seus filhos." Esse lugar privado, o interior da casa, funciona como uma recomendação explícita para vedar-se do exterior, parecendo ser uma pista para a questão do propósito.

O propósito deriva de um lugar privado, constituído, como mencionado, de motivação e ambição. E ele é diferente do objetivo, que é o óleo. Sua característica principal é mais para caminho do que para chegada, como é o óleo. O que temos aqui é que, em um lugar bastante subjetivo, caminho e carroça se misturam. O caminho não é mais a distância, o obstáculo que separa a carroça da chegada, mas o próprio processo que permite sua jornada.

A abundância provém desse ciclo de repor vasilhas, e de encontrar propósito nisso. Quando os filhos respondem afirmando que "não há mais vasilhas", o óleo cessa.

As subidas, esses lugares de desafio onde o peso se acentua, são indispensáveis para produzir novas vasilhas. O famoso ditado chinês de que crises são oportunidades só faz sentido se entendermos esses momentos como oportunidades para a obtenção de vasilhas, não de óleos.

O encadear de óleos e vasilhas são funções sistêmicas que produzem fluxo. Não ter vasilhas é o grande problema da escassez. E novamente voltamos ao lugar de auto-organização, um lugar coletivo. As vasilhas provêm dos vizinhos e das vasilhas que podem emprestar, como num sistema de crédito. Eles não doariam óleo de forma alguma, mas vasilhas sim.

Propósitos têm componentes privados ("feche a porta") e também públicos ("peça vasilhas").

O fundamental é entender que as vasilhas, recipientes vazios que parecem apontar para a escassez e a falta, são imprescindíveis quando se deseja reencontrar a abundância. São, portanto, potenciais de antiescassez. E as subidas se farão importantes contribuições do caminho.

Risco

Conclusão

Conta-se sobre soldados de elite de Napoleão que, certa vez, foram surpreendidos por uma terrível tempestade de neve. Não conseguindo enfrentar a neve e o vento, abrigaram-se numa estalagem da região.

Enquanto sacudiam a neve de suas botas e uniformes, um deles olhou pela janela e viu algo extraordinário. Um velho homem estava sentado em sua carroça, sendo puxado por dois cavalos também muito velhos. Eles avançavam sobre a neve e a tempestade com facilidade e graciosidade.

Perplexo, o soldado se voltou ao dono da estalagem e perguntou: "Como é possível que nossos cavalos potentes e bem treinados não consigam avançar pela neve enquanto que esses dois velhos cavalos cavalgam sem qualquer dificuldade?"

O homem olhou pela janela e sorriu enquanto reconhecia o velho vizinho usufruindo de seu passeio noturno. "Veja", disse o homem, "eu conheço esse vizinho há muitos anos. Ele tem esses dois cavalos desde que nasceram. Os dois cresceram juntos no mesmo sítio e foram inseparáveis por toda uma vida. O que é especial neles é que se reconhecem e sentem um a dor do outro. Quando o cocheiro demanda com a chibata sobre um deles, ou quando a pata de um fica enterrada profundamente na neve, o outro cavalo sente a dor e o desconforto de seu amigo, e de imediato responde a isso, fazendo mais esforço também. E é o esforço de ambos os cavalos em conjunto, orquestrados, que permite que enfrentem qualquer tormenta."

O grande segredo está nessa alternância de esforços compassada. Os esforços são impulsionados por dores e desconfortos que se interligam e põem a carroça em movimento.

O velho senhor que passeia à noite pelas tormentas de neve não é outra coisa senão o risco.

Seus cavalos são mitológicos, simbolizando a integração que a vida e seus empreendimentos têm com os caminhos e com as economias da existência.

Sem romantismos, é inevitável reconhecer que esforços, sejam eles motivados por dores (*shit*) ou sofrimentos (*tsures*), estão todos encadeados num elegante passeio noturno. Entre padecimentos e penúrias, a carroça avança graciosamente sobre o inóspito. Há momentos em que a lama atola, o buraco desloca, o revés detém e a escassez impossibilita, mas nada que uma boa manutenção não dê conta.

E se realmente tudo isso lhe parece romântico demais, talvez você esteja olhando com excesso de *tsures* para as tais adversidades (*shit*). Padecimentos e penúrias, as experiências de derrapagem ou de inércia pelo caminho são o mais doce passear pela neve e pelo vento noturno.

Numa acre-doce e encantadora relação entre carroça e caminho, faz-se a jornada. E é desses mesmos passeios que ficamos nostálgicos quando o caminho afunila para uma derradeira chegada.

APÊNDICE
Perspectivas da carroça

AMBIÇÃO	Carroça e chegada
ASSERTIVIDADE	A carroça da carroça
CRITÉRIO	Fora da carroça
CONTEÚDO	Carroça vazia
COMPLIANCE	Carroça vigiada
INTEGRIDADE	Quem é o cocheiro?
LIDERANÇA	Atrás da carroça
OUSADIA	Carroça fora da estrada
PARCERIA	Fronteiras da carroça
PROATIVIDADE	Carroça na frente dos bois
PROBIDADE	Falsas carroças
RESOLUÇÃO	Carroça acelerada
TRANSPARÊNCIA	Carroça e intenção
VISÃO	Depois da carroça

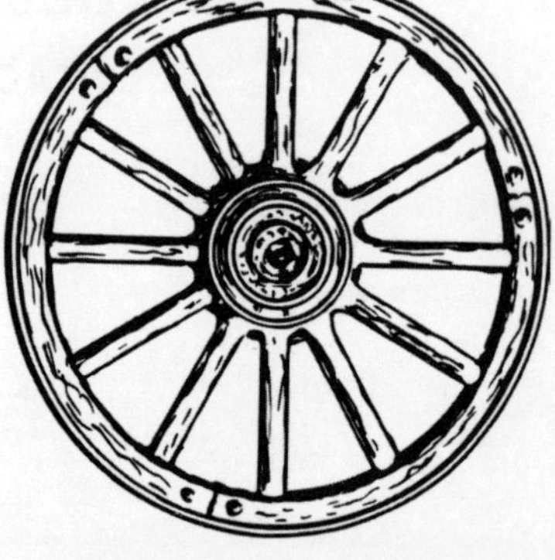

AMBIÇÃO
Carroça e chegada

Quando uma carroça está em movimento, várias são as motivações que a impulsionam.

A motivação do cavalo é a bacia cheia de feno que irá receber na chegada e que o induz a se locomover de um lugar a outro.

A do cocheiro é receber seu soldo e ir direto para a primeira taverna que aparecer em busca de um pouco de vodca e de um bom prato de comida.

Já para o passageiro, ilustre dono da carroça, o que o impulsiona é a busca de um bom negócio na cidade de destino.

Apesar da aparente hierarquia dessas motivações, em suas essências elas são semelhantes.

Por isso os sábios alertam: "Só porque o cavalo tem feno na cabeça... Isso não diminui o valor de sua viagem!"

A vida é uma constante viagem de um ponto a outro.

O que nos motiva pode parecer mais nobre. O feno, a vodca ou o restaurante gourmet, porém, têm a mesma matriz. O dono da carroça pode achar que seu apetite por artes ou por ideias seja mais sublime e meritório como recompensa do que as demais motivações.

Maimônides dizia que, na infância, nos empenhamos para ganhar uma bala, e que depois evoluímos para a motivação de receber dinheiro; posteriormente, para títulos e reconhecimentos e, por fim, para a recompensa de sermos respeitados. Fica claro que as motivações têm como origem alguma bonificação que emana de um lugar pequeno e material.

Por mais educados e sofisticados que sejamos, somos suscetíveis aos nossos desejos, que se dissimulam em nobres intenções. Maimônides imagina um estágio utópico em que seja possível iniciar viagens *lishmah* – sem nenhuma ambição, ou seja, pelo simples mérito que há em empreendê-las.

Nossa avidez, ou nossas distintas fomes, porém, revelam outro lado mais profundo da realidade. Algo maior anseia que façamos essas viagens de um ponto a outro. Algo maior nos atrai com cenouras de uma sofisticação sem fim. Resgatar a essência dessa motivação do lugar animal, passando de cocheiro a empresário, é revelar o sagrado que se oculta em nossa mundana ambição. O que, com certeza, não diminui o valor da viagem.

ASSERTIVIDADE
A carroça da carroça

Um abastado comerciante viajava em sua carruagem quando avistou na estrada um rapaz de trajes humildes carregando uma mochila pesada. Puxou as rédeas e perguntou: "Por acaso estou na mesma direção que a sua? Talvez queira uma carona?"

O rapaz hesitou, constrangido, e removeu seu chapéu, como que para ganhar tempo. "Você vai pular para dentro ou o quê?", disse o comerciante em tom categórico. O rapaz, parecendo acordar de um transe, de pronto subiu pela parte traseira da carruagem, agradecendo profusamente.

Passados alguns minutos, o comerciante percebeu que a pesada mochila ainda estava nas costas do rapaz. "Meu amigo, por que você não descansa a sua mochila na diligência, não lhe é pesada?", disse ele.

"Não se preocupe", disse o sujeito, "já é bastante generoso da sua parte dar-me uma carona, não sonharia que carregasse também a minha bagagem!"

A timidez é fronteiriça ao respeito e ao zelo. De início, o rapaz parecia pronto a declinar a oferta de carona, apesar desta ser-lhe útil e de todo o peso às suas costas. A razão que o leva a quase privar-se da carona só aparecerá claramente na segunda parte da história.

O comerciante desponta como um personagem expedito, produzindo ação, invertendo o "pedido de carona" em "oferta de carona". Enquanto isso, o rapaz se mostra retraído e desapaixonado. Sua atitude de quase renúncia reaparece ativa quando nos é revelado que a mochila dependia de um segundo ato de generosidade.

Essa atitude interna que a história traz à tona é muito comum e presente em nosso comportamento. Diferente do atrevimento ou do descaramento, a assertividade é uma qualidade. Muitas vezes carregamos mochilas desnecessárias, inibidos por nosso senso de menos valor ou reprimidos por impedimentos internos.

Não existe uma carroça dentro de outra carroça. Se alguém ou a vida te estender uma oportunidade, você deve ir ao encontro dela com todo o seu potencial. Não fique esperando uma nova oportunidade em meio a uma oportunidade já presenteada. Muitas vezes essa segunda oportunidade não acontece simplesmente porque já aconteceu. Você apenas a deixou passar. Uma oportunidade é, em geral, uma cascata de oportunidades: se você ficar apenas no primeiro desses segmentos, talvez a verdadeira oportunidade nem sequer se realize.

CRITÉRIO
Fora da carroça

Certa vez, um agnóstico quis desafiar o rabino de Dubnov: "Façamos um debate e veremos então quem está realmente certo!" O rabino olhou para o audacioso jovem e disse: "Rapaz, vou contar-lhe uma história: ... Certa vez, um rabino contratou uma carroça para levá-lo até Vilna. Em dado ponto do percurso, o cavalo que puxava a carroça se viu obrigado a subir um trecho inclinado e arenoso. O cocheiro, de imediato, saltou da carroça com a intenção de aliviar o esforço do pobre cavalo. E o rabino não fez diferente, saltou de impulso para fora da carroça. O cocheiro, incomodado, reagiu: 'Não... o senhor não precisa sair... Afinal o senhor é o passageiro, aquele que contratou a viagem!'. O rabino se explicou: 'Talvez, mas o cavalo sempre pode argumentar que a subida e a areia estão para além de suas forças; e pode, quem sabe, trazer tal pleito contra mim diante da corte celestial. E, verdade, posso até ganhar essa disputa, mas o que não quero de forma alguma é ver-me envolvido num litígio com um cavalo!'"

O critério é um juízo de instâncias. Muitas vezes julgamos o mérito de uma situação, levando em consideração apenas os elementos que a constituem descuidando de discernir o foro a que ela pertence.

Possuir essa perspicácia equivale a ter um campo visual mais amplo, que permite sair de uma conjuntura e olhá-la de fora. O rabino realmente "sai da carroça" para poder entender o que estava em jogo naquela situação e naquela relação com o cavalo.

Muitas vezes, por direito, adentramos em controvérsias que são em si um demérito e um desprestígio, independentemente de nossa opinião poder nelas prevalecer. A sensatez e a propriedade são sempre função da alçada e da competência a que pertencem, não apenas do mérito inerente de que dispõem.

Essa é a grandeza do lado de fora: convocar a dimensão dos critérios para além dos méritos. Sob nova luz e ângulo, pode-se entender melhor o que é pertinente. Muitas de nossas questões têm como eixo central os méritos, sem que compreendamos onde eles estão inseridos. Nossos arrependimentos respondem por essa falta recorrentemente.

Na experiência daqueles que possuem senso crítico, há sempre uma corte celestial pronta para acolher processos na jurisdição do critério.

CONTEÚDO
Carroça vazia

Pai e filho saíram em sua carroça para um passeio no bosque. Passado algum tempo, atingiram uma clareira e lá ficaram usufruindo do silêncio. O pai então perguntou: "Está ouvindo? Bem ao longe, consegue escutar?" O filho respondeu: "Sim... parece ser outra carroça."

"Isso mesmo", disse o pai, "é uma carroça vazia!"

Surpreso, o filho perguntou: "Se ainda não está vendo a carroça, como sabe que está vazia?"

"Ora... não é tão difícil inferir que esteja vazia", respondeu o pai. "Perceba o ruído das rodas girando... Saiba, filho, a experiência lhe irá confirmar isso: Quanto mais vazia a carroça, mais barulho ela faz!"

O conteúdo é direto e simples. São os adornos, os supérfluos que, em geral, fazem todo o barulho. Esses adornos são ruídos repletos de interesses, manipulações e alienações que falam mais alto. Quanto mais vazias, quanto mais superficiais as falas, maior o seu ruído.

É sabido que o som atiça os sentimentos enquanto que a imagem estimula o racional. Efeitos acústicos afetam diretamente as emoções, e efeitos visuais, a imaginação. Fazemos barulhos para confundir os sentimentos e mantemos aparências para confundir a razão.

Desenvolver a escuta proposta na história é poder perceber todo o entorno emocional por onde gravitam as racionalizações. Quem fala não percebe que seus ruídos revelam seus vazios. E o barulho da carroça consegue, assim, expor a precariedade do conteúdo.

Nossa estrutura emocional, a carroça, evidencia importantes aspectos que o neófito desconhece. Não temos ideia sobre o quanto de nós se revela aos outros por nossos ruídos. Pensamos que por meio de elaboradas imagens podemos falsear ideias e mascarar aparências, ou que por ruídos podemos encobrir nossos vazios, mas em realidade expomos nossos verdadeiros interesses e intenções.

COMPLIANCE
Carroça vigiada

Certa vez, um rabino contratou uma carroça para levá-lo à cidade vizinha. No caminho, o cocheiro enxergou um campo de feno verdejante. Disse então ao rabino: "Fique aqui enquanto alimento o cavalo... e se você avistar o dono dessas terras, por favor, me alerte de imediato."

No momento em que o cocheiro adentrou o campo, o rabino começou a gritar: "Ele está olhando! Ele está olhando!" O cocheiro correu o mais rápido que pôde, atrelou o cavalo à carroça e partiu a toda a velocidade. Quando havia conseguido estabelecer alguma distância, ousou olhar para trás para ver se o dono do campo o perseguia, porém não havia ninguém.

Interpelou então o rabino: "Eu não estou vendo nenhum fazendeiro... por que disse que ele estava olhando?"

"Porque o verdadeiro Dono está olhando lá de cima e vê o que você faz, mesmo que o dono daquele campo não estivesse vendo."

A palavra inglesa *compliance*, tão disseminada no mundo empresarial, tem o significado de "observância", muito utilizada na esfera da religião. No caso de nossa história, "observância" presta-se ao jogo de palavras de que ter consciência assemelha-se à sensação de que se é observado, olhado por Alguém. E "observar" é realmente um predicado especial.

Distinta da ética que deriva de um julgamento, a observância é um comportamento. Representa uma conformidade, uma submissão a padrões acordados que atendem mais pelo compromisso do que pelo discernimento.

Esse atributo está imune a todo tipo de consideração ou racionalização que induz à condescendência. Quem "observa" pode resistir às manhas que deturpam nosso julgamento e induzem à corrupção, à adulteração e ao aliciamento.

Quando cumprir é mais importante do que calcular possíveis ônus, ficamos mais protegidos de nossas próprias artimanhas. A complacência será sempre uma batalha entre as normas e nossos ardis. E sem um observador externo internalizado, as fraudes levam vantagem sobre a integridade.

INTEGRIDADE
Quem é o cocheiro?

O filho do rabino e a filha do cocheiro estavam prestes a se casar.

Como os dois sogros moravam em cidades distantes, resolveram fazer o casamento num vilarejo que ficava a meio caminho de distância de cada um.

No dia do casamento, o rabino pensou: "Se comparecer com meu elegante traje rabínico e meu chapéu de peles, constrangerei meu futuro parente, que certamente estará usando roupas de cocheiro."

O rabino então removeu seus trajes e vestiu uma roupa simples, num estilo comum ao dos cocheiros. Usou botas e, na cabeça, um ordinário boné.

Sem saber da atitude do rabino, o cocheiro pensou de forma semelhante: "O sogro da minha filha irá vestir-se de forma elegante... Devo eu envergonhá-lo usando roupas de cocheiro? Claro que não, isso seria por demais desrespeitoso."

Vestiu-se então com um sofisticado roupão de seda e chapéu de peles.

Quando chegaram ao local do casamento, todos pensaram que o cocheiro era o rabino e que o rabino era o cocheiro.

A integridade é a preservação de um "núcleo duro" de nossa identidade, não permitindo que nos desvirtuemos por estímulos externos. Representa a estabilidade de uma vida interior que prevalece sobre a erosão dos eventos e os desafios do dia a dia.

Nessa ingênua chanchada, onde as aparências ocultam a realidade, há uma singela mensagem. Para além da consideração e do respeito que um personagem demonstrou ter em relação ao outro, ambos executam ações para proteger sua integridade. A honestidade do rabino não está em usar as roupas apropriadas, mas em demonstrar cuidado com o outro, em revelar sensibilidade. O mesmo se aplica ao cocheiro: apesar de simples, tem valores e até mesmo poderes que não se exteriorizam pelo status econômico. O despojamento do rabino e a nobreza do cocheiro são vestimentas acertadas em um momento tão importante.

Na gestão é muito importante estabelecer o lugar de encontro onde subalterno e dirigente podem se reunir no meio do caminho. Para tal, o subalterno terá que ser muito respeitoso e o dirigente, não ter afetação alguma.

Sem medo de impropriedades, o chefe, nessa condição, estará mais bem vestido de sua liderança do que impondo externamente sua superioridade. E o subalterno, por meio de sua fidalguia e potência, sem receio de atrevimento, estará mais adequadamente trajado.

LIDERANÇA
Atrás da carroça

Uma história é contada sobre um importante rabino do século XVIII, Elimelech de Lizhensk. Certa vez, viajando em uma carruagem, percebeu que era seguido por uma aglomeração.

Perguntou então ao cocheiro: "Por que essas pessoas estão nos escoltando?"

O cocheiro explicou que as pessoas os seguiam em deferência a sua sabedoria e santidade.

Elimelech deu-se conta de que essa era uma boa ideia e que as pessoas estavam fazendo a coisa certa.

De pronto saltou da carruagem e foi para trás juntar-se ao grupo. E assim seguiu acompanhando o cortejo, com a carruagem vazia.

Essa não é apenas uma história sobre humildade. O ponto central da história está no reconhecimento de Elimelech: "As pessoas estavam fazendo a coisa certa." Numa primeira leitura, pareceria estar chancelando a deferência à sua própria pessoa. Mas a ação que se segue nega por completo tal interpretação.

A modéstia pode ser muito enganosa. Ela pode ocultar o fato de que a liderança e a hierarquia podem ser importantes estratégias. Atentemos que Elimelech é minucioso em sua afirmação. As pessoas faziam a coisa certa ao render deferências e ao caminhar escoltando a carruagem, mas não por conta dele.

Elimelech vai para trás e lidera do lugar correto, atrás e junto com a aglomeração. O que ele reverencia e valoriza é justamente a carruagem vazia. Ela é o centro de onde emana a autoridade. É a carruagem vazia que representa a instituição da liderança. Se for Elimelech quem deve ocupá-la, então que seja. Mas a deferência e a santidade pertencem à carruagem vazia. Ir para trás não quer dizer que ele abdica desse lugar, mas que o legitima ainda mais ao desocupá-lo momentaneamente.

A hierarquia e o acatamento se justificam não quando emanam de um lugar pessoal, de indivíduos ou personagens, mas da instituição e da boleia. Somente desse lugar institucionalmente engendrado para se atingir um objetivo maior é que emanam os poderes e as prevalências.

OUSADIA
Carroça fora da estrada

O rabino de Kotzk era conhecido por suas posições radicais, por vezes até extremistas.

Certa vez, um discípulo o questionou sobre a razão de agir dessa forma. De pronto, o rabino convidou o inquisidor a se aproximar da janela e perguntou:

"O que você vê?"

"Vejo pessoas andando pelas calçadas e no meio da rua vejo carroças e cavalos!", respondeu, intrigado.

"Exatamente... os dois lados da calçada são para os seres humanos; apenas as mulas e os cavalos transitam pelo meio. Assim é com as ideias e opiniões: quem tem convicção e arbítrio transita pelos extremos, já o caminho dos moderados, da mediatriz e das ponderações que se autoanulam é a 'senda dos cavalos'!"

O risco é sempre uma questão de arrojo e de tomada de decisão. Aqueles que ponderam em excesso estarão sempre no lugar moderado. Não há sucesso ou mesmo riqueza no lugar módico, comedido. Empreender é aplicar risco a um dado projeto.

O rabino chama atenção para o fato de que o valor da cautela não é absoluto. Um empresário é definido justamente como aquele que se afasta do lugar do meio, que não fica em cima do muro e aposta. Essas deliberações são sempre posições assumidas pró-risco. Elas estão na contramão da procrastinação.

Toda ação é uma incursão no território do risco. Aqueles que param nas encruzilhadas e protelam decisões sob a justificativa de que estão elucubrando possíveis cenários, em realidade desperdiçam oportunidades. A oportunidade demanda que se vá para a direita ou para a esquerda.

Claro, sempre há a possibilidade de se estar errado. No entanto, o equívoco sempre será um "ativo", enquanto que a indecisão não o é. Torna-se essencial sair da estrada pavimentada e abrir trilhas novas por onde se quiser empreender. O meio-termo e a prudência excessiva não oferecem dividendos. O risco é o insumo fundamental de qualquer produto.

PARCERIA
Fronteiras da carroça

Dois amigos possuíam um estábulo em sociedade. Um era dono da carroça, o outro de uma égua. Em certa ocasião, a égua deu à luz um pônei debaixo da carroça. Foi o suficiente para o dono da carroça reivindicar a propriedade do pônei, argumentando que o nascimento do animal aconteceu sob a sua carroça.

O dono do pônei, seguro da improcedência de tal pretensão, procurou o rabino local.

"Pegue uma vara de pescar", aconselhou o rabino, "e vá para debaixo da janela do dono da carroça. Lá existe uma duna de areia... fique ali fingindo que está pescando."

"E isso irá resolver?", questionou o dono do cavalo.

O rabino sorriu e disse: "Não tardará e o dono da carroça irá lhe perguntar, curioso: 'O que você está fazendo? Como pode pescar peixe num monte de areia?'."

E concluiu o rabino: "Então você irá responder a ele: 'Se uma carroça pode dar à luz um pônei, com certeza posso tirar peixes de uma duna de areia!'"

As parcerias são sempre difíceis. Elas se constroem muitas vezes evocando o atributo da confiança, quando seus integrantes deveriam estar mais preocupados com o atributo da comunicação. Isso porque entendimentos diferem tanto por idiossincrasias dos sócios quanto por interesses que convergem, mas não são idênticos.

O mais comum é o surgimento de narrativas particulares acerca do que seria ou não ajustado ou procedente. Na contabilidade de parceiros, há sempre débitos e créditos que não são percebidos ou reconhecidos por ambos os lados. E esses lançamentos ilegítimos acabam não fechando nos cômputos finais.

Essa história apresenta a tensão de uma parceria que dá dividendo para o insumo que é de propriedade de apenas um dos sócios. Certamente um bom cenário para encrenca. E é dessa tensão que se nutre a história. Ela irá apontar para o desvirtuamento do bom senso, só resgatável por meio de uma intervenção paradoxal.

O rabino se propõe a resgatar o dado objetivo de que as carroças podem muitas coisas, mas não dar à luz um pônei. Porque a subjetividade, tão própria dessa contabilidade oculta nos vínculos societários, acaba por distorcer os contornos da própria realidade. Mostrar o absurdo da proposta do dono da carroça, cooptando-o para o lugar ajuizado, é o que devemos fazer quando estamos diante de nossas controvérsias. No coração de muitas delas, há uma incongruência tão clara como a afirmação de que "carroça não da à luz cavalo". A percepção desse absurdo tem a potência de reconciliar acordos e resgatar a lucidez.

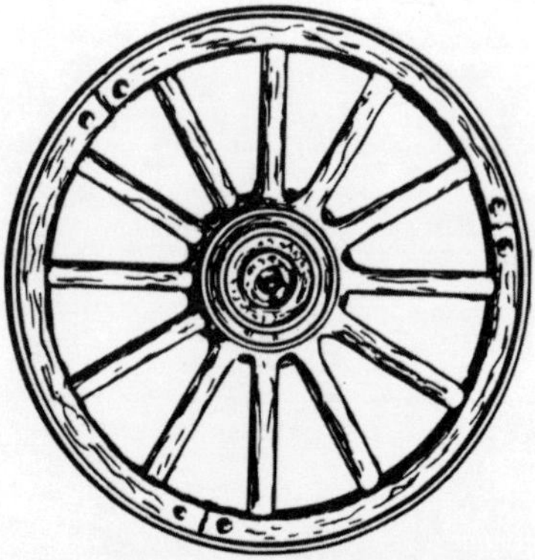

PROATIVIDADE
Carroça na frente dos bois

O rabino de Dubnov era venerado por sua sabedoria e seu magnetismo, e por isso viajava para todos os lados em sua carroça a fim de proferir palestras.

Certa vez, a caminho de uma delas, o cocheiro lhe disse: "Quão especial deve ser a sensação de ser reverenciado... Acaso o mestre aceita trocar de lugar comigo e permitir que eu também experimente esse sentimento? Poderíamos trocar nossas vestimentas e eu me faria passar por rabino por um dia."

"Mas ser rabino não é uma questão apenas de roupas...", disse o rabino, temeroso.

"Venerado mestre, já ouvi suas aulas tantas vezes que tenho certeza de que sou capaz de repeti-las palavra por palavra", reagiu, seguro.

E assim fizeram: o rabino, vestido de cocheiro, juntou-se à plateia, enquanto o cocheiro reproduzia à perfeição sua explanação. Tudo ia bem, até que um erudito que estava na plateia lhe fez uma intrincada pergunta sobre a lei. Sem perder a pose, o cocheiro-rabino reagiu: "Esta pergunta é tão trivial e ordinária que até meu cocheiro no canto da sala poderá respondê-la." E apontou em direção ao "cocheiro" para que este pudesse demonstrar!

A proatividade é composta de duas qualidades: a ousadia e a criatividade. O atrevimento semeia novas possibilidades, e a originalidade é sua ferramenta.

Para trilhar territórios de audácia, deve-se estar munido de improvisação. Isso porque onde há arrojo proliferam obstáculos nunca antes confrontados.

O cocheiro tem o brio da proatividade capaz de propiciar novos ângulos de experimentação. Para si, suscita a chance de ser o foco das atenções e, para o rabino, proporciona o olhar desde a plateia, oferecendo então a ambos novos aprendizados inimagináveis a pessoas de perfil passivo ou tímido.

A história, porém, zomba da questão da exterioridade. É possível, no mundo das coisas em sua exterioridade, transitar ileso por meio da ousadia e da criatividade. Mas o conteúdo, a interioridade das coisas, ainda assim é essencial. Até porque continua sendo o rabino em roupas de cocheiro o único capaz de responder à questão inusitada.

A proatividade é um recurso para desarranjar cenários e encorajar o novo. É um catalisador, não é a substância. Tem eficiência desde que não oblitere o fato de ser um expediente, não uma essência. Caso contrário, o novo nada mais será do que "colocar a carroça na frente dos bois". Aparenta novidade e ação, mas carece de aplicabilidade.

PROBIDADE
Falsas carroças

Hershel estava quebrado e sem um tostão. Pediu então emprestado um chicote e saiu com ele pelas ruas, estalando-o alto no chão. Entre os estampidos do chicote, ele alardeava que levaria pessoas a Letitchev pela metade da tarifa cobrada por outros carroceiros.

Vários interessados acorreram, e Hershel coletou seu dinheiro. Logo perguntaram onde estavam os cavalos e a carroça, e Hershel apontou em uma direção, sugerindo que o acompanhassem pela estrada. Eles o seguiram, pensando que tanto a carroça quanto os cavalos estariam um pouco mais à frente, já na estrada. Hershel assegurava que os levaria como prometera até Letitchev. E eles o seguiram a pé.

Quando passaram do meio do caminho, os "passageiros" se deram conta de que não havia nem carroça, nem cavalos. Ao mesmo tempo, já haviam passado do ponto de não retorno, ou seja, voltar seria fazer um caminho mais distante do que prosseguir. Então Hershel os escoltou por todo o caminho até Letitchev.

> *Assim que chegaram, imediatamente exigiram seu dinheiro de volta, ao que Hershel contestou, dizendo que sim, que os havia trazido até Letitchev pela metade da tarifa, exatamente como prometera.*

A diferença entre marketing e propaganda enganosa é total, mas não podemos negar seu parentesco. A venda é sempre parte importante para qualquer produto. A estética, a praticidade, a disponibilidade, o invólucro e tantos outros predicados alheios às qualidades inerentes ao produto agregam-lhe valor.

Mas há um "ponto de não retorno" em que essas qualidades externas e superficiais excedem as inerentes ao próprio produto. Quando isso ocorre, inicia-se a venda de um produto adulterado.

Sem moralismo: todo produto tem que ser maior do que sua maquiagem. Isso sob a pena de que se esteja vendendo algo no lugar daquilo que inicialmente foi intencionado. Esse ponto é essencial para a probidade de um negócio. Assim como não se pode atribuir a um produto propriedades que ele não possui, também há um ponto a partir do qual ele já não mais representa a si próprio, estabelecendo-se assim uma fraude.

Hershel sabia que o estampido do chicote, associado à redução de preço pela metade, seria maior que o produto. Então ele vendeu a capacidade de atrair atenção e a promessa de economia em vez de uma verdadeira viagem. E, claro, tentou legitimar essa cilada. A tentativa de comercializar a sedução alegando que o desejo do outro foi realizado é semelhante ao assediador que alega atender à volúpia latente da própria vítima.

Daí o adágio dos mascates americanos: "Não se pode vender em uma carroça vazia", ou seja, vender com probidade exige a real existência de um produto.

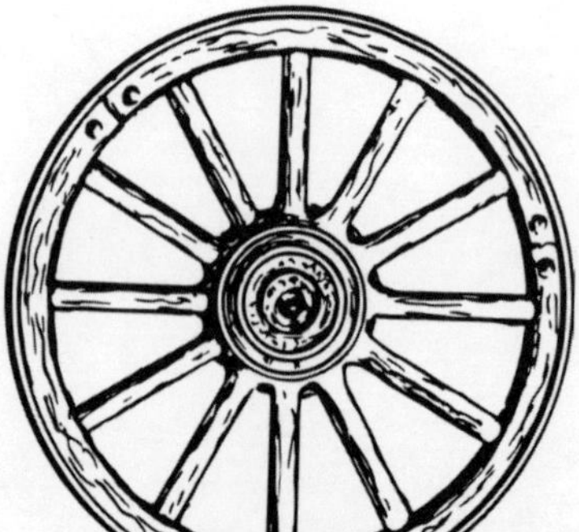

RESOLUÇÃO
Carroça acelerada

> *O rabino de Belz costumava dizer:*
>
> *"Quando uma carroça passa por um terreno lamacento, quanto mais lento for, mais barro vai aderir às rodas e à própria carroça!"*

Sempre que entramos em terreno pantanoso, o movimento automático é o de desacelerar. Por precaução, parece intuitivo a redução da velocidade na tentativa de se expor ao menor dano possível.

O rabino alerta que esse é um momento de ações contraintuitivas. O custo associado à lentidão pode ser enorme. Isso porque o barro representa algum processo que está se tornando exponencial. É momento de tomada de decisões que não podem ser proteladas.

Esse é o problema com a aceleração. Ela é dissimulada e silenciosa, diferente da velocidade, que é perceptível. Por estarmos ainda em deslocamento na direção desejada, somos ludibriados e levados a não agir com celeridade. A lama representa o potencial de desaceleração que irá impactar de forma multiplicativa, e não apenas decrescente, a produtividade de um empreendimento.

É necessário contrapor aceleração a essa desaceleração e não apenas considerar a velocidade. Por isso é momento de não temer o enlamear que eventualmente possa ocorrer ao se passar mais rápido. Muito pelo contrário: é a falta de urgência que será devastadora.

Isso pode acontecer por um caminho em que acelerar significará tanto crescer quanto decrescer. Essa emergência pode demandar cortar tamanho e reduzir uma operação; ou, ao contrário, pode requerer mais investimentos para a mesma. O importante é que se tomem decisões num cenário exponencial, que se percebam as acelerações.

Acelerar a carroça é sempre assustador porque é paradoxal. Quando tudo parece indicar resguardo e segurança, fica difícil ao empreendedor agir de forma adequada, ou seja, acelerar processos.

TRANSPARÊNCIA
Carroça e intenção

Certa vez, o rabino Israel Baal Shem Tov estudava com seus discípulos, quando um estranho colocou a cabeça pela janela e disse: "Desculpem, mas minha carroça com todo o carregamento ficou atolada na lama do final de inverno. Meu pobre cavalo não está conseguindo tirá-la... Por acaso vocês poderiam me ajudar?"

Os alunos correram para a porta, mas quando viram o peso da carroça e o quão profundo era o sulco na lama, rapidamente disseram: "Não podemos."

"Não podem ou não querem?", reagiu o cocheiro.

"Vejam o que o cocheiro está lhes ensinando", observou o rabino. "Na vida, muitas das vezes em que se diz 'não posso' em realidade se está dizendo 'não quero'."

Duas expressões são as mais comuns para ocultarem-se sentimentos: "não quero" e "não posso". A primeira é utilizada em situações de temor e insegurança, em que nos protegemos dizendo "não quero!". A segunda, como na história, é aplicada onde a falta de interesse e solidariedade nos levam a declarar: "Não posso!".

Crianças desejosas de jogar dizem que não querem e adultos plenos de recursos e potências dizem que não podem. E assim, por esses dois distintos artifícios, compromete-se a transparência. Porque dissimular sempre será valer-se de um "não quero" ou "não posso" falsos.

O problema do ser humano é que nada é mais translúcido do que um "não posso" no lugar de um "não quero", e vice-versa. Enxergamos com clareza esse truque corriqueiro porque também somos mestres nele. Nada é mais difícil do que enganar alguém que tem expertise num dado assunto.

A transparência acaba sendo o resultado do imponderado que realmente consegue dizer que "não quer" sem qualquer constrangimento; e a autoaceitação de alguém serve para reconhecer "não poder" sem que isso se trate de desistência ou renúncia.

VISÃO
Depois da carroça

Dois cavaleiros avistaram um índio deitado no chão com a orelha colada à terra.

"Está vendo esse índio?", comentou um com o outro. "Ele está ouvindo o chão e pode detectar coisas a milhas de distância!"

O índio se voltou a eles e disse: "Uma carroça carregada... a cerca de duas milhas daqui. Tem dois cavalos, um branco e um marrom. Mulher, criança e vários utensílios de casa na carroça."

"Incrível!", comentou um cavaleiro com o outro. "Não só ele sabe a distância, mas também quem está na carroça, a cor dos cavalos e os objetos que estão na própria carcaça. Impressionante!"

O índio olha para eles e diz: "Me atropelou não faz meia hora!"

Um dos mais graves delírios que existem é a expectativa de se analisar algo *a posteriori*. É muito comum a elucubração ocorrer pós-fato, com a sensação de que há algo a se aprender com o acontecido e aperfeiçoar a arte de predizer. Mas esse é um grande equívoco. O que foi pode até se repetir, no entanto, na dinâmica e no caos contido no risco, o que foi serve apenas como modelo para se ter noção do grau de imprevisibilidade das coisas.

A expectativa de que se saiba, *a priori*, o que irá acontecer em grandes detalhes é uma tentativa de negar o risco. Tudo o que o índio sabe com precisão só é possível porque está descrevendo o que já foi, não o que será.

Claro, um índio pode desenvolver grandes sensibilidades que resultem em dons de previsão. No entanto, quanto mais aguçado for esse senso, maior respeito a pessoa terá ao aleatório e ao imponderável. Quanto mais espaço para o fortuito houver na predição, mais acurada ela será.

Por isso, prever com maestria não é acertar um único número da roleta por várias vezes consecutivas. Isso é loteria pura, não bom senso. Antever o aleatório é cercá-lo por matemáticas e estratégias onde o imprevisível é a constante e a certeza é que é a variável.

Nessa série REFLEXOS E REFRAÇÕES serão retratados os sete signos que formam a constelação simbólica das *Sefirot*, na tradição cabalística. Traduzindo a vida num espectro de manifestações, cada um dos livros, com seu título próprio, vai abordar uma distinta reflexão da existência: o risco, o afeto, a alegria, a cura, o ritmo, o sexo e o poder.

As reflexões, por sua vez, são tratadas em quatro diferentes refrações ou esferas: a física, a emocional, a intelectual e a espiritual.

Cabala e a arte de manutenção da carroça é o livro inaugural da série, abordando cabala e risco.